M. GUIZOT

ET LA

RÉVOLUTION DE JUILLET,

PAR

M. Auguste SEGUIER.

Opportunos magnis conatibus transitus rerum.

(Tacite.)

PRIX : 1 FRANC.

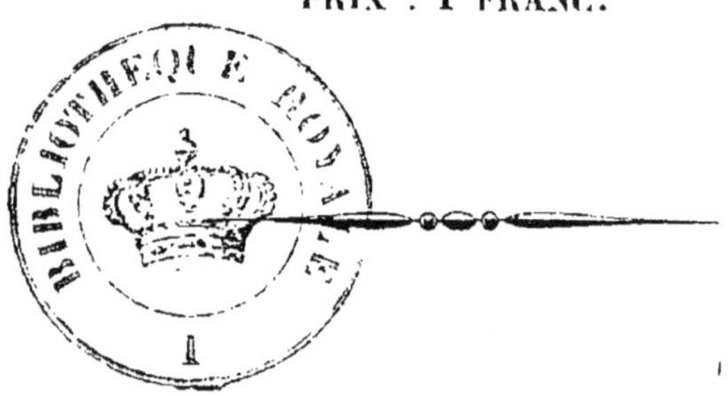

PARIS.

Chez Achille PHILIPPE, rue de Grenelle-Saint-Honoré, 33,

Et chez tous les Libraires de Paris.

—

1839.

IMPRIMERIE DE POLLET, SOUPE ET GUILLOIS,
Rue Saint-Denis, 380, passage Lemoine.

La révolution de juillet est en danger : il faut sauver
la révolution de juillet.

Mais pour la sauver, que faire? Il faut la replacer dans
les véritables conditions de son origine et de son existence, dans les conditions où nous l'avons appelée depuis
que nous sommes entré dans la vie politique, c'est-à-dire
depuis la publication des *légitimistes* et des *orléanistes ;*
il faut la ramener à être dans l'application ce qu'elle est
par elle-même, une idée, un système, un dogme social,
un dogme de liberté.

Jusqu'à ce jour la révolution de juillet n'a été qu'une
machine à affaires de commerce, de banque, d'industrie,
d'agiotage, ou un moyen tout matériel d'améliorations
toutes matérielles.

Or, dans cette fausse situation, elle n'est plus qu'un
effet d'une cause illégitime, une violation sans motif et
sans but de la charte de 1814; elle n'est qu'une grande
perturbation illogique.

Je conçois qu'on ait cherché à occuper des bras, ne
serait-ce que pour rester maître de forces brutales qu'on
aurait pu craindre. Je conçois qu'on ait favorisé de
même tout ce qui tendait au développement du négocian-
tisme.

Mais la révolution de juillet avait et a plus à faire
que tout cela : elle était à la fois une amélioration maté-
rielle et une immense amélioration intellectuelle et mo-
rale pour la France. Pourquoi l'avoir réduite à n'être
exclusivement que la partie la plus secondaire d'elle-

même? Ici est le tort, le tort très grave des dernières années qui viennent de s'écouler ; ici est la cause de toutes les anxiétés qui pèsent sur le pays ; ici est la calamité de l'époque ; et cette calamité ne pourra que s'aggraver tant qu'on s'obstinera à ne voir qu'un fait sans signification dans l'idée, dans l'explosion la plus significative et la plus large de l'esprit moderne.

Nous n'ignorons pas qu'on passe facilement pour un rêveur à parler d'idées, de système, à propos de révolution et de politique ; mais, quoi qu'en ait dit Bonaparte, l'idéologie n'en reste pas moins la plus énergique et la plus féconde de toutes les puissances. Qu'est-ce qui a fait le xviiie siècle? c'est l'idéologie. Qu'est-ce qui a fait 89? c'est l'idéologie. Qu'est-ce qui a renversé la terreur, le directoire, l'empire? c'est l'idéologie. Qu'est-ce qui a déterminé 1830? c'est l'idéologie.

Ainsi malheur aux hommes qui nient les idées et les principes ; ils n'ont que des forfaits et des assassinats politiques dans les mains, quand ils croient être les représentans des justices divines et populaires.

Bon gré, mal gré, on doit donc admettre la révolution de 1830 comme l'expression d'un principe ; sinon la révolution de juillet n'est qu'un infâme guet-apens contre trois rois, le plus vil escamotage de pouvoir qui ait jamais déshonoré les fastes d'une nation.

Mais si la révolution de juillet est l'expression d'un principe, quel est l'homme qui est le plus capable de comprendre et d'appliquer ce principe?

Nous n'hésitons pas plus à le dire aujourd'hui que nous n'avons hésité à le dire et à le répéter depuis un an (1) : cet homme, c'est M. Guizot.

Et ce n'est pas parce que M. Guizot est *doctrinaire ;*

(1) Voyez le N° 2 de la *France contemporaine.*

rien n'est plus absurde que cette dénomination dans un temps où il n'y a de doctrine sociale nulle part.

M. Guizot n'est l'homme-capacité du présent que parce qu'il est, de nos jours, l'expression la plus haute et la plus certaine de l'intelligence historique et de l'intelligence nationale. D'ailleurs ce n'est pas nous qui faisons cette position à M. Guizot, c'est M. Guizot qui se l'est faite seul à lui-même par ses études et ses ouvrages.

Parler de M. Guizot en France ou en Europe, c'est éveiller tout-à-coup les idées qui correspondent le mieux au progrès, à la liberté, à la civilisation. Pourquoi donc M. Guizot homme politique perdrait-il tous les avantages qu'il a conquis et dont il jouit comme homme d'érudition et de science spéculative ?

Sans doute, à côté de M. Guizot s'élèvent des hommes habiles, des hommes spéciaux d'une grande valeur. La France s'honorera toujours de M. Dupin comme jurisconsulte, de M. Royer-Collard comme métaphysicien, de M. Thiers comme administrateur expert, de M. Humann comme homme de finances, du maréchal Soult comme homme de guerre ; mais ces noms ne répondent à aucune idée générale, ils ne sont pas plus l'objet *adæquat* de la révolution de juillet que de la restauration, de l'empire ou de tout autre régime.

M. Guizot est le seul personnage politique de cette époque qui ait sa raison d'être et d'agir exclusivement dans la révolution et du côté de la révolution de juillet ; il est l'homme essentiellement normal à cette révolution ; il en était le héraut le plus ferme avant 1830, il en est aujourd'hui le régularisateur le plus rationnel, le plus fervent et le plus opportun.

Avec M. Guizot, la révolution de juillet est une réforme universelle ; avec les ministres et députés qu'on lui oppose, elle n'est qu'une fatalité, une chose ni meilleure ni pire qu'une autre.

Avec M. Guizot, cette révolution est une formule, une équation aussi rigoureuse qu'une équation algébrique; en dehors de M. Guizot, elle n'est qu'un instinct vague, mal défini, une sensation grossière, un désir de tempérament sanguin.

Avec M. Guizot, cette révolution est l'ordre monarchique, l'ordre-pouvoir, l'ordre universel dans la liberté; en dehors de sa pensée, elle n'est pas plus monarchie que convention, convention qu'assemblée constituante; elle n'est qu'une négation absolue de tout gouvernement régulier.

On reprend aussitôt que M. Guizot a pris une part extrêmement active à toutes les mesures de répression qui ont été mises en œuvre depuis 1830.

Mais que ceux qui l'accusent daignent prendre pour un instant la place de cet homme d'état quand il était au pouvoir, qu'auraient-ils fait, eux? Auraient-ils laissé gronder l'émeute dans les rues? l'auraient-ils laissée vaincre? comment enfin auraient-ils agi? Au surplus de quel droit se plaint-on de M. Guizot personnellement? est-ce que la Chambre ne provoquait pas elle-même les mesures en question? est-ce qu'elle ne les sanctionnait pas? est-ce que la politique Guizot n'était pas la seule politique nationale à cette époque?

On venait de faire une révolution pour la liberté, on l'avait compromise presqu'ausitôt; fallait-il la compromettre ou la perdre en l'abandonnant à quelques poignées de fous, d'imbécilles et d'intrigants?

D'ailleurs on ne peut jamais mieux juger les hommes que par leurs actes; eh bien, toutes les fois qu'il a fallu agir vigoureusement en faveur de la liberté, à qui M. Guizot l'a-t-il cédé? quel est l'homme dans les chambres qui s'est mis plus en avant, qui a parlé avec plus de franchise, plus d'effusion, plus de loyauté? en quoi et quand les héros du *Temps*, de toute la presse dite libérale et démocratique, ont-ils donné plus de garanties positives aux idées avancées?

Certes, nous ne sommes pas de ceux qui ont glorifié la coalition : nous ne l'avons même regardée d'une part que comme un fort mauvais exemple dans un temps où tout branle, où tout peut tomber au moindre vent; et de l'autre, que comme une fort ridicule comédie, où quelques comparses outrecuidants du drame parlementaire devaient trouver une mystification méritée. Toutefois nous devons le dire, ce qui était mal, très mal, pour les coalitionistes, ce qui était une immoralité pour M. Berryer, une défection à l'honneur pour d'autres, était une nécessité presque providentielle pour M. Guizot; on l'avait tant calomnié qu'il devait chercher une grande occasion où il prouverait mathématiquement à la France et à l'Europe la virilité libérale de ses idées; il s'est donc jeté dans la coalition avec l'ardeur d'un soldat et la science d'un général; mais à la hauteur où il l'a prise, il l'a honorée en s'honorant lui-même, car il en a d'abord fait un symbole d'amour pour toutes nos gloires nationales, pour en faire immédiatement après un symbole d'intelligence et d'ordre. On ne pouvait rien de plus, on ne pouvait rien de mieux depuis la révolution de juillet.

Et cet homme, qui a passé tous les jours que Dieu lui a comptés dans les travaux les plus sérieux sur le commencement et les progrès des civilisations; cet homme qui nous a révélé tant de régions historiques inconnues; cet homme dont la voix est si solennelle et si frémissante quand elle parle de gloire sociale et de liberté; cet homme qui a mêlé son esprit aux orages politiques de presque toutes les nations, qui a expliqué si puissamment leurs

causes et leurs résultats, qui a forcé l'admiration universelle quand il nous a exposé le xviiie siècle, ce père
présent et futur de tous les grands siècles ; cet homme
qu'on a rencontré partout où il y avait de nobles émo-
tions et de nobles pressentimens d'avenir : quoi ! un pareil
homme pourrait être mis encore à l'index par qui que ce
soit !

Mais voilà que certaines gens s'empressent de préférer
le centre gauche à M. Guizot ; voyons donc le centre
gauche : tel qu'il est, il n'est ni plus ni moins que tout ce
qu'il y a de plus *juste milieu* dans la plus mauvaise accep-
tion de ce dernier mot.

Je comprends, et tout le monde comprend l'opinion de
l'extrême droite, du centre de l'extrême gauche.

L'extrême droite ne peut et ne doit vouloir que l'ancien régime, le régime que demande le journal *la France*,
le seul logique dans le parti légitimiste, le seul qu'il
faille accepter quand on désespère de la liberté.

Le centre ne peut et ne doit vouloir que la contre-
partie universelle de ce régime.

L'extrême gauche ne peut et ne doit vouloir que la
république.

Chacune de ces opinions est entière, absolue, homogène ; on sait à quoi s'en tenir avec MM. Berryer, Guizot,
Garnier-Pagès.

Mais, au nom du ciel, qui nous dira ce que veut le
centre gauche ? D'où part-il ? où va-t-il ? qui le sait ? qui
nous fera l'honneur de nous le dire ?

Ce centre gauche est-il républicain ou monarchique ?
admet-il la prééminence royale ou la prééminence parlementaire ? Mais dans l'un ou l'autre cas, comment com-
prend-il l'existence du pouvoir, sa fonction, sa dignité !

S'il est républicain, pourquoi a-t-il voté la liste civile ?
pourquoi conserve-t-il des ambassades à l'aristocratie ?

pourquoi n'ose-t-il pas demander directement et positivement l'abolition absolue des sinécures, des gros émolumens? Pourquoi n'ose-t-il pas demander la réforme électorale, la liberté de l'enseignement, la révision, la refonte de nos codes? pourquoi n'ose-t-il pas demander l'abrogation des lois sur les associations, les crieurs publics, la liberté de la presse?

Et s'il est monarchique, pourquoi semble-t-il n'avoir qu'un but, celui de miner sourdement l'autorité royale et tout ce qui s'y rapporte? pourquoi les compromet-il chaque jour et à chaque instant? pourquoi les sacrifie-t-il sans cesse aux plus misérables exigences de situation, d'orgueil et de vanité?

A qui croire, et que penser du centre gauche?

Ce que le centre gauche soutient se réduit à ce que MM. de La Redorte ou Ganneron appelleraient « une politique prudente, mais nationale; modérée, mais libérale. »

Mais, nous le demandons à ces Messieurs, une pareille formule n'est-elle pas beaucoup trop élastique? quand est-ce que la politique sera prudente ou nationale, modérée ou libérale?

On le voit, plus on avance dans l'examen du centre gauche, plus on le surprend indécis, négatif, juste-milieu.

Vous vous récriez, n'importe, vous aurez beau faire : les choses sont ce qu'elles sont : le centre gauche est juste-milieu au premier chef; il restera juste-milieu, et chose pire, il ne peut être que cela.

Mais, dira-t-on, le centre gauche est libéral, puisqu'il tend à M. Odilon-Barrot. Nous répondons, nous, que c'est justement pour cela même que le centre gauche n'est pas libéral et n'a aucune valeur libérale.

M. Odilon-Barrot est un des hommes qu'on a le plus exagérés dans notre époque. En effet, mettez à part une incontestable noblesse de caractère, une certaine abondance d'improvisation grandiloquente, quelle est l'idée claire, nette, précise de ce député? comment entend-il la révolution de juillet? comment l'a-t-il expliquée, comment l'explique-t-il? quels sont ses moyens positifs de la faire arriver à bien, de la mettre en pratique dans toute son étendue? comment allie-t-il l'ordre avec la liberté, le présent avec l'avenir? Scrutez cette ame, cette intelligence, qu'en sort-il? rien de plus qu'une routine d'opposition systématique sans portée et sans but.

Au surplus, voulez-vous avoir une donnée exacte sur la valeur de M. Odilon-Barrot? Faites-vous pour un instant républicain, faites-vous Garnier-Pagès, Trélat, Thomas ou Bastide; voudriez-vous vous appuyer sur M. Odilon-Barrot quand il s'agirait d'organiser votre utopie?

Et d'un autre côté, qui que vous soyez, faites-vous pour un instant monarchique, homme d'ordre, de conservation, de développement régulier et progressif, qu'aurez-vous à espérer de M. Odilon-Barrot?

A notre sens, M. Odilon-Barrot n'est qu'une doublure d'une teinte foncée de la pensée ou plutôt de l'amphybologie centre gauche; il n'est par conséquent qu'un double obstacle vivant, l'un contre la république, l'autre contre la monarchie; par conséquent il n'est qu'un non-sens comme le centre gauche.

Que peut attendre la liberté d'un homme politique qui vit ainsi sans idée homogène, grimpant ainsi de la république à la monarchie suivant les circonstances ou son amour de popularité, sans jamais accorder d'affection exclusive, d'affection une, à quoi que ce soit? que peut attendre la France de cette opposition ante-diluvienne, cyclopéenne et fossile?

Ce qu'on doit conclure de tout ceci, c'est que la liberté n'est ni dans le centre gauche ni dans la gauche; qu'elle est là seulement où l'on veut ce que veut M. Guizot, c'est-à-dire le progrès graduel de toutes les facultés humaines et de toutes les facultés nationales. Ce qu'on doit conclure encore comme vérité géométrique, c'est que *la France n'est ni centre gauche, ni gauche, qu'elle est exclusivement centre,* qu'elle est avec M. Guizot.

Mais ce n'est pas tout pour ce qui regarde M. Guizot.

Quand l'ancien régime gouvernait la France, toute la France était et devait être opposition, gauche ou au moins centre gauche : c'était logique ; mais après le renversement de ce qu'on ne voulait plus, de ce qu'on ne pouvait plus vouloir, la France qui gagnait un principe gouvernemental contraire à l'ancien, s'en constituait naturellement le défenseur permanent ; c'est aussi là ce qui est arrivé et ce qui se maintient encore aujourd'hui.

Voilà pourquoi la révolution de juillet n'a jamais été et ne sera jamais sur la pente où la pose le journalisme prétendu libéral ; non, il n'est pas vrai qu'elle tende à marcher du centre au centre gauche et à la gauche.

La révolution de juillet n'a qu'une seule direction à adopter pour se fortifier, s'étendre, se légitimer et s'éterniser ; elle n'a qu'à grandir sans cesse dans la direction de la verticale qui passe par ce centre.

Ainsi personne n'est plus en situation que M. Guizot pour lui venir en aide.

Comme nous et beaucoup mieux que nous, M. Guizot comprend tout ce qu'il y a de folie à répéter aujourd'hui, sous un principe de liberté, le rôle qu'on jouait et qu'il fallait jouer sous le principe de l'absolutisme. Il comprendra donc comme nous que le seul parti à prendre aujourd'hui pour sauver la révolution de juillet, c'est de provoquer à son profit un parti nouveau, un parti transformateur, un parti national qui l'ait étudiée et qui la comprenne dans toutes ses dimensions, un parti qui fixe sa tente au milieu du parlement.

Déjà les élections ont formé le noyau de ce parti nouveau, de ce parti religieux et moral, intelligent et libéral, théoricien et pratique; déjà nous comptons plusieurs jeunes hommes : M. de Carné, M. Alexis de Tocqueville, M. Lacordaire, M. Ressigeac de Carcassonne, etc., etc., etc., qui vont l'inaugurer à la Chambre des Députés aussi noblement, aussi dignement que M. de Montalembert l'a inauguré depuis longtemps à la chambre des pairs.

M. Guizot n'est donc pas seulement l'homme du présent; il est encore l'homme d'initiation, l'homme de propagation politique pour l'avenir; il est le seul homme qui puisse préparer la génération actuelle, la génération qui a vêtu la robe virile, à défendre glorieusement la révolution de juillet, à la préserver de toutes les turpitudes de l'anarchie et de toutes les perfidies légitimistes, à se l'approprier comme un vaste patrimoine national au profit de l'Europe et de l'univers civilisé.

Par malheur, rien n'est pire que cette guerre que l'on fait à certains noms quand on est protégé par l'anonyme ou par l'obscurité : guerre impie, guerre sacrilège qui est l'indice le plus certain de la plus méprisable lâcheté; ainsi des envieux de M. Guizot ont pris à tâche de le salir et de le faire salir à tant la ligne, à tant la page; et alors il a débordé sur toute la France une écume d'injures, de calomnies et de bassesses contre l'homme pourtant qui avait le plus contribué à régénérer l'intelligence nationale; et alors tout ce qu'on a pu inventer de plus atrocement absurde, de plus atrocement ridicule, on l'a jeté à la face de M. Guizot du fond de tous les cloaques politiques, où l'on ne savait rien ni de l'énigme, ni de la solution sociale.

Ainsi vont les choses parmi nous; quand un personnage

considérable est arrivé à la place qu'il a droit d'occuper par son talent, sa patience et son génie : tout ce qu'il y a de médiocre et de honteux dans les bas-fonds de la société, se croit le droit de regarder l'avancement de ce personnage comme une espèce de larcin, au préjudice de tous. C'est ce qui explique l'acharnement qu'on a mis et qu'on met encore en certains endroits à poursuivre M. Guizot.

Dailleurs veut-on une preuve irrécusable de la mauvaise foi de ces bateleurs politiques qui ont toujours la bile au cœur et la fièvre au poing? voyez ce qui est arrivé récemment.

A entendre certains organes de la presse, ce qu'il fallait faire après les dernières élections, c'était de créer un ministère libéral, intelligent, en rapport avec la révolution de juillet. Eh bien, qui se sont-ils hâtés d'applaudir comme le metteur en page du nouveau ministère? le maréchal Soult.

Mais que représente le maréchal Soult au milieu même de ses plus grandes illustrations? la guerre, l'idée de force brutale, la négation radicale de tout ce qui est théorique et spéculation, par conséquent la négation absolue de ce qui a fait 89 et 1830; la négation absolue de nos besoins, de nos tendances, des besoins et des tendances européennes; n'importe, les ennemis de M. Guizot n'y regardent pas de si près; ils ne se demandent ni pour eux ni pour la France si le maréchal est à la hauteur des circonstances, s'il a quelque motif de défendre 1830 plutôt que la restauration, l'empire ou la république; ce qu'on voit dans le maréchal, c'est un moyen expéditif pour se débarrasser d'hommes qu'on craint et qu'on n'aime pas, il suffit; on accepte le maréchal Soult comme le symbole de notre époque, comme le sauveur des libertés publiques.

Véritablement plus on examine la presse qui prétend

être libérale, plus on reste convaincu que le pouvoir n'est pour elle que le prix d'une espèce de pugilat. Mais la majorité parlementaire ne se laissera pas tromper par les clameurs qui retentissent au camp de l'intelligence et du désordre contre M. Guizot, car M. Guizot n'a jamais voulu et ne veut exactement que ce que veut la France.

Du reste, qu'on ne s'y trompe pas, nous sommes aujourd'hui dans la plus désastreuse de toutes les situations.

D'une part on nous dit que le gouvernement représentatif est impossible, qu'il n'est qu'un gouvernement de partis; de l'autre on nous harcèle au nom de quelques capacités pour obtenir la réforme électorale; ailleurs on évoque les souvenirs napoléoniens au profit d'un jeune homme que le dernier ministère semble s'être plu à rendre dangereux : l'Europe, toute l'Europe nous regarde avec anxiété comme un peuple qui sait vaincre et qui ne sait pas profiter de la victoire.

N'est-il pas temps d'édifier l'opinion européenne? n'est-il pas temps de prouver à tous que nous saurons maintenir l'esprit de juillet? n'est-il pas temps de mettre à néant tous les cris de triomphe des royalistes, toutes les espérances républicaines, toutes les folies impériales? n'est-il pas temps de sortir de ce matérialisme grossier où il nous a fallu vivre? n'est-il pas temps de marcher aussi forts dans la théorie que dans les pratiques sociales, de légitimer d'une légitimité irrévocable le principe gouvernemental et monarchique qu'on nous dispute de tout côté avec tant d'acharnement? n'est-il pas temps de rassurer l'industrie, le commerce, qui souffrent tant depuis quelques mois?

Nous le répétons, tant que la révolution de juillet ne sera considéré que comme un fait matériel, tant qu'elle sera exclusivement la proie des hommes de télégraphe et de bourse, d'intrigues ou d'améliorations exclusivement matérielles, la révolution de juillet ne sera qu'une anomalie, un acte de flagrante immoralité, de flagrante injustice; elle ne sera qu'un grand vol gouvernemental.

Qu'on se hâte donc de la ramener à son état naturel, à son état primitif; qu'on se hâte de l'appliquer à l'état d'idée, de système social et politique, telle qu'elle était en 1830; qu'on en donne la direction constitutionnelle à M. Guizot; ce n'est que par là qu'il sera possible de la fortifier, de la rendre inexpugnable à tous les partis.

L'homme n'est pas seulement de chair, il ne vit pas seulement de pain, il est fait et il vit d'esprit; ainsi, tout ministère qui ne sera qu'un agent d'affaires, une machine purement administrative, ne sera qu'à côté de notre nationalité. Ce qu'il nous faut à tous, surtout depuis 1830, c'est un ministère intelligent, théoricien, spéculatif, qui puisse dominer toutes les positions hostiles à la monarchie de juillet, qui puisse écraser M. Berryer au nom de la liberté et des principes civilisateurs, qui puisse écraser la république au nom de l'ordre et de la métaphysique politique de notre nationalité, qui puisse disperser devant lui le centre gauche au nom de formules sociales bien comprises et bien arrêtées, qui puisse descendre d'ailleurs à tous les détails de la vie positive pour les ennoblir de plus en plus; un ministère homogène qui vienne harmonier toutes les parties de l'existence humaine pour mieux glorifier et pour légitimer la révolution de 1830. Qui, mieux que M. Guizot, peut satisfaire à toutes ces nécessités?

Qu'on y prenne garde, la question de juillet est mal posée; telle qu'on la présente elle ne peut aboutir qu'à un cataclysme de calamités.

Non, ce ne sont pas les hommes d'*affaires*, ce ne sont pas les hommes d'épée qui peuvent la résoudre; ce privilége, qui intéresse tous les peuples, n'appartient qu'aux hommes d'études métaphysiques et sociales.

Ainsi vous formerez cent ministères centre gauche ou gauche, que vous userez misérablement tous ces ministères sans aucun avantage, ni pour la liberté, ni pour le pays.

Nous entendons dire qu'il y a de par le monde politique un certain *homo novus* qui pourrait bien ne pas rester étranger au désir de devenir un Cromwell; quelques hommes sensés acceptent ce bruit et en causent. Nous, nous ne craignons pas de Cromwell; la France ne descendra jamais, je l'espère du moins, à subir certaines ignominies; mais nous pensons que de pareils dires sont graves et qu'ils attestent un mal bien profond.

Que les hommes de bonne volonté se hâtent donc de faire justice de toutes les ridicules menaces de la gauche et du *protectorat* en perspective que d'exécrables ambitions pourraient un jour rêver; qu'ils se hâtent de former et de soutenir un ministère réellement libéral, réellement national. Jamais les députés de la France n'auront une plus imposante responsabilité qu'aujourd'hui envers eux-mêmes, envers le pays, envers la civilisation.